Neue Klanggeschichten

für Kita und Krippe

mit Reimen, Liedern, Klangspielen und weiteren Geräuschideen

Praxisreihe Kindergarten

Inhaltsverzeichnis

Klänge, Töne und Geräusche

Klang- und Musikideen für Krippe und Kita

Unsere Welt ist voller Geräusche, Töne, Klänge und Musik. In diesem Heft geht es darum, mit diesen Klängen zu erzählen. Dazu finden Sie hier eine große Auswahl an Geschichten, Gedichten, Reimen, Sprüchen und Liedern, die die Kinder mit Klängen oder Geräuschen aller Art zum Leben erwecken können. Wie wichtig diese auditiven und auch musikalischen Erfahrungen für die Kinder sind, wie Sie mit den Kindern Ihre eigenen Klanggeschichten erfinden können und was genau Ihre Rolle beim Klingen, Singen und Musizieren sein kann, das erfahren Sie hier.

Was Klanggeschichten „können"

Sie gehören seit vielen Jahren zum Standardprogramm in Krippe und Kita – dennoch, Klanggeschichte ist nicht gleich Klanggeschichte. Häufig sind sie zu lang oder sie überfordern die Kinder mit ständig wechselnden Instrumenten. Vielleicht machen sie ihnen auch keinen Spaß, wenn sie möglichst genau und korrekt ausgeführt werden sollen und die Kinder sich selbst nur wenig einbringen können. Vielmehr sollte bei Klanggeschichten die Kreativität im Vordergrund stehen. Das beginnt schon damit, dass die Kinder ihre Instrumente, die sie zum Umsetzen benötigen, selbst auswählen. Zudem müssen Klanggeschichten und -gedichte nicht immer genau ausformuliert sein. Sie können stattdessen Raum lassen, damit die Kinder ihre eigenen Ideen einbringen, die Geschichte anders zu Ende oder neu erzählen können.

Klanggeschichten sollten auch die Interessengebiete der Kinder aufgreifen und eine fesselnde und altersgerechte Handlung anbieten. Für jüngere Kinder reicht oft schon eine ganz kurze Begebenheit aus ihrer direkten Lebenswirklichkeit, die mit wenigen einfachen Sätzen in Worte (und Klänge) gefasst wird. Wenn Ihre Klanggeschichte (Ihr Klanggedicht oder Klanglied) diese Voraussetzungen erfüllt, dann erleben die Kinder die Aktion mit wachen Sinnen, mit Neugier und mit viel Freude am Klang und am Sprachrhythmus. Auf diese Weise werden ihre Aufmerksamkeit, ihre Konzentration und die auditive Wahrnehmung sowie das Sprachverständnis gefördert. Außerdem können sich die Kinder empathisch in das Erzählgeschehen einfühlen, sodass die Klanggeschichte auch zu einem Motor für die Entwicklung von sozialen und emotionalen Kompetenzen werden kann.

Aus diesem Grund sind Klanggeschichten und andere Klangideen zu Recht zu einem unverzichtbaren Bestandteil in der Kita- und Krippenpädagogik geworden. Die frühe Beschäftigung mit Rhythmen, rhythmischer Sprache, mit Klängen, Tönen und Tonfolgen kann ein Grundbaustein sein sowohl für die Sprachent-

wicklung als auch für Musikalität und auditive Aufmerksamkeit. Darum sollten auch in Ihrer Einrichtung Klangideen häufig, kreativ und mit den Kindern als Akteuren vorkommen.

Klanggeschichten selbst erfinden

Besonders viel Spaß macht es, wenn die Kinder Klanggeschichten selbst erfinden. Sie müssen mit den Kindern ja kein achtstrophiges Gedicht mit reinen Reimen und perfektem Metrum ausdenken. Ein kleines Ereignis, das die Kinder vielleicht vor Kurzem selbst erlebt oder gedacht haben, reicht schon aus als Basis für Ihr Klanggedicht. Hierfür ist es wichtig, dass die Kinder auf Geräusche achten: Wie klingt der Regen an der Fensterscheibe? Wie hört es sich an, wenn eine Katze miaut oder ein Traktor fährt? Wie könnte die Farbe Gelb klingen und wie der Winter? Wie hört sich Traurigkeit an? Wie Freude?

Ihre Klanggeschichte kann dabei nur mit einer einzigen Art von Instrument auskommen, etwa wenn alle Kinder selbst gebaute Rasseln benutzen. Dann können Sie lautes und leises, schnelles und langsames Rasseln einbauen oder die Kinder rasseln zu Beginn der Geschichte laut und gegen Ende immer leiser, bis schließlich Stille herrscht. Mit dieser Art von „ver-klingenden" Geschichten können Sie beispielsweise das Wegfliegen von Vögeln von einem Ast mit Klängen nachmalen oder das Leeressen einer gemeinsamen Speise, vielleicht eines Zwergenbreis. Die Möglichkeiten sind unerschöpflich und die Fantasie kennt bekanntlich keine Grenzen.

Wenn Sie also mit den Kindern selbst ans Werk gehen, dann kann zu Beginn eine kleine Handlung oder ein Erlebnis stehen, das die Kinder gern in Worten – und später in Klängen – festhalten möchten. Eine andere Möglichkeit des Zugangs ist das Hörerlebnis, also etwa Regen, ein Tiergeräusch oder Ähnliches. Beim ersten Ansatz (der in Worte gefassten Geschichte) überlegen Sie einfach gemeinsam, welche Klänge diese Geschichte illustrieren könnten. Dazu können die Kinder aus Ihrem Vorrat an Klang- und Geräuschinstrumenten auswählen, was für sie am besten passt. Bei dem umgekehrten Ansatz über das Hörerlebnis fassen Sie mit den Kindern das Gehörte in Worte und später in Sätze. Sie können auch ein Gedicht ohne Reime daraus machen, es darf auch ganz kurz sein oder die Form eines „Elfchens" (elf Wörter) haben. Beginnen Sie am besten mit einer einfachen Idee und lernen Sie durch direktes Ausprobieren. Haben Sie Mut!

Ihre Rolle als pädagogische Fachkraft

Aus der Forderung „Begleitpädagogik statt Angebotspädagogik“ folgt bereits, dass Sie als pädagogische Fachkraft nicht Entscheider/in oder Spielleiter/in sind. Sie denken nicht vor und geben nicht vor, sondern Sie achten darauf, dass die Kinder die handelnden Akteure sind, und gehen sensibel auf ihre Impulse ein. So können die Kinder beispielsweise anhand von Bildern oder aus ihrer Erfahrung heraus schon bekannte Klanggeschichten oder -gedichte selbst auswählen. Oder Sie stellen ihnen eine Geschichte oder ein Gedicht vor, das gerade zum Projektthema oder Interessengebiet der Kinder passt und von ihnen „individualisiert“ werden kann. Auch bei der Auswahl der Klang- oder Geräuschinstrumente sollten die Kinder mit einbezogen werden. Sie helfen dabei, falls nötig, mit Fragen oder mit als Fragen formulierten Anregungen.

Beim Thema „Instrumente“ ist es toll, wenn Sie den Kindern eine große und bunte Vielfalt an Klang- und Musikinstrumenten anbieten können. Viele Instrumente sind inzwischen direkt für Kitakinder konzipiert, nicht mehr so teuer und leicht zu haben oder zu bestellen, wie Maracas, Schellenbäume, Knacktiere, Effektpfeifen, Reibtrommeln, Heulschläuche und Klangoliven oder Klangeier. Zusätzlich können Sie auch in etwas größere Instrumente wie Cajóns in Kindergröße (etwa im Onlinehandel) oder Oceandrums investieren. Aber auch ausgefallene Instrumente wie Nasenflöten, Sprechtrommeln oder Kalebassen ermöglichen tolle Klangabenteuer. Bereichern können Sie Ihre Klanggeschichten zudem mit Musikmachern aus der Entspannungstherapie wie Windspielen, Gongs, Qigongkugeln und Klangschalen. Am tollsten sind natürlich selbst hergestellte Klanginstrumente wie Rainmaker (Regenmacher) oder Rasseln aus Schachteln und Bechern. Lassen Sie die Kinder die Instrumente nach Herzenslust ausprobieren.

Am besten lassen sich diese Empfehlungen umsetzen, wenn Sie tatsächlich selbst erfundene und selbst geschriebene Texte nutzen. Da dies im manchmal trubeligen Alltag nicht immer möglich ist, finden Sie auf den folgenden Seiten Vorschläge für Klangerlebnisse, die Sie nach eigenen Ideen umerzählen, umschreiben und individualisieren können. Unsere Vorgaben oder Empfehlungen sind immer nur als Inspiration für Sie und die Kinder zu verstehen und – gerade was die Instrumentenauswahl anbelangt – austauschbar!

Klangerlebnisse für Kinder bis drei Jahre

Einfache kurze und leicht umzusetzende Klangideen machen den Beginn: In diesem Kapitel finden Sie Gedichte, Geschichten, Reime und Lieder für jüngere Kinder bis zu drei Jahren oder für Kinder, die noch nicht sehr vertraut mit Klanginstrumenten sind. Auch für Situationen, in denen es an Konzentration oder Ruhe fehlt, können gerade diese kürzeren Texte sinnvoll sein. Aber auch zwischendurch, etwa zur Überbrückung von Wartezeiten, machen die Ideen in diesem Kapitel richtig viel Spaß.

Die kleine hungrige Raupe

Ein Rasselreim für die ganze Gruppe

Ab 1 Jahr

Bei diesem Reim können alle Krippenkinder gleichzeitig mitmachen: Wenn die kleine Raupe frisst, wird gerasselt, was das Zeug hält; wenn sie schläft – „pssst!" – sind alle leise. So ähnlich wie in diesem Gedicht läuft das Leben von Raupen wirklich ab: Sie fressen und schlafen – viel mehr machen die kleinen Vielfüßler nicht.

Material

- **für jedes Kind eine Rassel oder ein anderes Instrument**

Die kleine Raupe frisst und frisst,
bis ihr Bäuchlein dicker ist.
rasseln

Jetzt ruht sie fett in ihrem Versteck,
psst, leise, dass ihr sie nicht weckt!
Stille, „psst!" machen

Doch dann will sie noch ein Blättchen schnappen.
Schnell frisst sie weiter, Happen um Happen.
rasseln

Endlich ist das Bäuchlein voll,
jetzt ein Schläfchen, das ist toll!
Stille, wieder „psst!" machen oder Schlafgeräusche

Tipp

Statt mit Klängen können die Kinder dieses Gedicht auch sehr gut mit Bewegungen begleiten. Haben die Kinder Ideen, welche Bewegungen das sein könnten?

Ameisenstraße

Ein Kribbel-krabbel-Gedicht auf dem Boden

Ameisenstraßen können die Kinder mit etwas Glück im Kitagarten oder auf dem Waldweg entdecken. Zurück in der Kita können sie ihre Eindrücke in diesem Krabbelgedicht verarbeiten. Alles, was sie dazu brauchen, sind die eigenen Finger. Am besten gelingt dieses Gedicht auf dem Boden sitzend oder an einem Tisch.

Ab 2 Jahren

Eine kleine Ameise läuft zu dir herein,
sie krabbelt auf sechs Füßchen klein
und wird schon bald zu Hause sein.

mit einer Hand über den Boden krabbeln und dabei mit den Fingerspitzen möglichst laute Geräusche erzeugen

Zwei kleine Ameisen kommen hinterher,
beeilen sich, ganz schnell, schnauf, schnauf,
und dann kommt erst mal keine mehr.

mit beiden Händen krabbeln

Viele kleine Ameisen kommen jetzt gelaufen,
trippeltrappel, trippeltrapp,
sind auf dem Weg zum Ameisenhaufen.

ganz laut und wild mit beiden Händen krabbeln und Geräusche erzeugen

Da ist ein Gewimmel von Füßen und Beinen,
von Fühlern und Körpern, wohl tausend sind's,
von großen Tierchen und von kleinen.

noch lauter und kräftiger

Wo ist der Rabe?

Ein Klangreim mit versterktem Hauptdarsteller

In diesem Klangreim suchen die Kinder den Raben Federflaum. Das Krächzen des schwarzen Vogels spielen Sie mit einer Rassel nach, denn so ähnlich hören sich Raben auch in der Natur an. Ob die Kinder den Raben finden?

Ab 1 Jahr

Legen Sie ein Foto von einem Raben oder eine Raben-Spielzeugfigur und eine Rassel unter ein Tuch. Zu Beginn des Reims schieben Sie Ihre Hand unter das Tuch und rasseln.

Material

- **ein braunes Tuch**
- **Rassel**
- **Bild / Foto oder kleine Spielzeugfigur von einem Raben**

Hörst du den Raben, wo kann er nur stecken?
Tief im Gebüsch, hinter Häuserecken?
mit der Rassel unter dem Tuch rasseln

Schaut mal nach, wer traut sich das?
Hinter Bäumen bewegt sich was.
wieder rasseln, die Kinder dürfen das Tuch anheben und darunterqucken

Das ist der Rabe Federflaum,
man hört ihn nur und sieht ihn kaum.
die Kinder das Foto betrachten lassen

Tipp

Im Anschluss können die Kinder die Rassel immer wieder unter dem Tuch verstecken und entdecken – gerade dieses wiederholende Spiel macht den Kleinsten oft großen Spaß. Gehen Sie auch in der echten Natur auf Raben- und/oder Krähensuche! Vielleicht finden Sie auch eine Rabenfeder, die die Kinder berühren können (danach Hände waschen!)?

Klatsch!

Ein Kniereiter-Mitklatschlied

Ab 1–2 Jahren

Dieses Lied singen Sie ganz einfach zur Melodie von „Auf der Mauer, auf der Lauer". Ganz junge Kinder können Sie dazu auf den Schoß nehmen und als Kniereiter nur die erste Strophe singen und gemeinsam klatschen. Schaukeln Sie das Kind, wenn es ihm gefällt, dazu im Takt auf Ihren Knien.

Ältere Krippenkinder können die zweite Strophe anschließen und dann beispielsweise zwischen Ihren Knien auf dem Boden stehen. Dazu stampfen sie im Takt oder nach eigenem Empfinden mit den Füßen auf den Boden.
Die dritte Strophe ist auch für Erwachsene nicht ganz einfach, denn hier muss genau auf den Einsatz von Klatschen und Stampfen geachtet werden – und das erfordert Aufmerksamkeit, Körperbewusstsein und Konzentration. In einem lockeren Stehkreis können sich die älteren Krippenkinder daran versuchen. Umso lustiger, wenn Füße und Hände einmal verwechselt werden!

Klatsch, mein Händchen,
patsch, mein Händchen,
komm wir wollen klatschen.
In die Hände klatschen wir,
in die Hände patschen wir,
klatsch, mein Händchen,
patsch, mein Händchen,
klatschen und auch patschen.

Stampf, mein Füßchen,
stampf, mein Füßchen,
komm, wir wollen stampfen.
Mit den Füßen stampfen wir,
mit den Füßen trampeln wir,
stampf, mein Füßchen,
stampf, mein Füßchen,
komm, wir wollen stampfen.

Klatsch, mein Händchen,
stampf, mein Füßchen,
komm, wir wollen beides!
Mit den Händen klatschen wir,
mit den Füßen stampfen wir,
klatsch, mein Händchen,
stampf, mein Füßchen,
klatschen und auch stampfen.

Befrei die Tiere!

Ein Säckchen-Klanglied mit Überraschung

Setzen Sie sich mit den Kindern in einen Sitzkreis und zeigen Sie ihnen das Säckchen: Darin haben sich heute Tiere versteckt. Mit Klang und Gesang kann man sie hervorlocken. Möchten die Kinder das probieren? Dann singen Sie einfach zur Melodie von „Brüderchen, komm tanz mit mir" das folgende Lied und zaubern nach jeder Strophe ein Tier hervor. Alternativ können auch die Kinder je ein Tier aus dem Säckchen herausziehen – nach Wunsch, indem sie es zuvor durch Tasten erraten haben. Dies ist eine Spielvariante für die älteren Krippenkinder. Benennen Sie jedes Tier, das den Sack verlässt, gemeinsam. Stecken Sie möglichst so viele Tiere hinein, wie Kinder mitmachen.

Ab 1 Jahr

Material

- Rasseln oder andere einfach zu bedienende Klanginstrumente
- ein Fühlsäckchen
- kleine Spielzeugtiere (etwa Ente, Hund, Katze, …)

Wer mag da bloß im Säckchen sein?
Denn es ist ja ziemlich klein.
Rassel, kling, rassel, raus,
wer kommt aus dem Säckchen raus?

ein Tier herausziehen, dann die nächste Strophe gleichlautend mit variierender erster Zeile anschließen, etwa:

Was mag da noch im Säckchen sein …

Tipp

Sind alle Tiere aus dem Säckchen herausgesungen, können Sie sich mit den Kindern eine Geschichte dazu ausdenken.

Ins Wasser gefallen

Ein Schellenstab-Klanggedicht

Dieses Klanggedicht können die Kinder mit Schellenkränzen oder Schellenstäben zum Leben erwecken. Die Geschichte von den drei kleinen Wichteln, die in die Pfütze fallen, können sie auch mit kleinen Spielzeugfiguren an einer echten Pfütze oder einer Wasserschale nachspielen.

Material

- **pro Kind einen Schellenstab**
- **nach Wunsch: Spielzeugfiguren**

Ab 2 Jahren

Drei kleine Wichtel spielen an der Pfütze,
laufen herum, ziehen sich an der Mütze.
leise und sachte mit den Schellenstäben rasseln

Da – platsch! – fällt einer herein,
mitten in Wasser und Schlamm, oh nein!
den Schellenstab einmal fest in die Hand schlagen

Die anderen lachen ihn aus, wie gemein,
da zieht der Wichtel sie schnell mit hinein!
alle rasseln mit den Schellenstäben gemeinsam

Nun sind alle Wichtel ganz nass,
schütteln sich schnell und trocknen im Gras.
rasseln wie oben

Jetzt gehen sie lieber nach Hause zurück,
alle sind trocken, welch ein Glück!
zuerst laut rasseln, dann immer leiser werden,
zum Schluss Stille

Der kleine Hase ist müde!

Ein Laut-und-leise-Klanglied

Die Zeit des Schlafengehens kennen die Kinder von ihrem eigenen Mittagsschlaf in der Krippe/Kita und von zu Hause. Wenn andere schlafen, muss man leise sein. Das ist auch das Thema in diesem Klanglied, das Sie zur Melodie des alten Kinderliedes „Kleine Meise“ singen können.

Ab 1 Jahr

Material

- **Klangstäbe oder einfach die Hände**

Kleiner Hase, kleiner Hase,
ach, wie müde bist du,
musst jetzt schlafen,
musst jetzt schlafen,
mach die Äuglein zu.

zuerst ganz laut klopfen, dann immer leiser werden, zum Schluss Stille

Kleiner Hase, kleiner Hase,
ach, wie leise sind wir,
willst ja schlafen,
willst ja schlafen,
bist ein ganz müdes Tier.

ganz leise sein, „pssst!“ machen, sonst Stille

Kleiner Hase, kleiner Hase,
komm und wach wieder auf,
ist schon Morgen,
ist schon Morgen,
und die Sonne geht auf.

zuerst ganz leise, dann immer lauter klopfen

Klonggggg!

Ein Klangmassage-Reim

Ab 1 Jahr

Eine Klangmassage für Krippenkinder können Sie ganz einfach mit einer kleineren Klangschale machen, die am besten einen Erdton hat (beim Kauf beachten), der harmonisierend, erdend und gleichzeitig dynamisierend wirken kann. In diesem kleinen Reim macht es eine Maus den Kindern vor.

Material

- **eine kleine Klangschale mit Klöppel**
- **eine Maus als Kuschel- oder Plüschtier**

Setzen Sie die Klangschale so auf die Maus, dass der Ton beim Anschlagen noch gut zu hören ist. Ein Kind darf die Klangschale ganz sanft mit dem Klöppel anschlagen. Wie gefällt den Kindern der Ton? Mit diesem kurzen Gedicht können Sie die Kinder ermuntern, sich selbst hinzulegen.
Dann stellen Sie die Klangschale auf den Bauch oder die Brust des Kindes (Kind aussuchen lassen) und ein anderes Kind oder Sie selbst schlagen sie an. Nun kann das Kind erfahren und spüren, wie sich die Töne als Schallwellen durch den ganzen Körper ausbreiten.

Ach, wie gut der Maus das tut,
Klänge findet sie richtig gut.
Die brummen und summen überall,
tun uns gut mit ihrem Schall.

Der kleine Wal

Eine Mini-Ruheklangreise ins tiefe Meer

Ab 2 Jahren

Mit Oceandrum und Walmusik können Sie die Kinder anhand dieser kleinen Geschichte aus der Bewegung heraus in die Ruhe und Entspannung begleiten. Lassen Sie sich mit den Kindern dazu am besten gemütlich in der Kuschelecke nieder. Toll, wenn die Kinder schon wissen, was Wale sind!

Material

- **Oceandrum**
- **CD-Spieler oder Handy mit Walmusik**

Tief im Meer lebt ein Wal. Er lässt sich einfach durch das Wasser treiben. Das ist wunderbar.
langsam die Oceandrum bewegen

Manchmal schwimmt er auf dem Rücken.
die Kinder können vormachen, wie das wohl geht, dazu wieder die Oceandrum bewegen

Manchmal schwimmt er auf dem Bauch.
wie oben

Manchmal lässt er sich einfach treiben.
nur die Oceandrum

Das gefällt dem kleinen Wal am besten. Dann lauscht er dem Geräusch der Wellen und des Wassers.
nur Oceandrum

Manchmal, wenn es ganz still ist, …
alle sind ganz leise

… kann man den kleinen Wal auch singen hören. Wie sich das wohl anhört?
Walmusik anstellen

Im Anschluss an die Walmusik können die Kinder natürlich selbst versuchen, wie der kleine Wal zu singen. Vielleicht entspinnt sich ein Gespräch darüber, wie Wale im Meer leben, singen und fressen. Halten Sie dazu am besten entsprechende Kindersachbücher und Bilder bereit.

Bei den wilden Räubern

Ein Stampf- und Tanzlied mit Musik

Dieses Lied entführt die Kinder in den tiefen Wald zu den Räubern. Sie können es ganz einfach zur Melodie von „Backe, backe Kuchen" singen und im Takt dazu stampfen und klatschen. Die Kinder können sich dazu auch weitere/andere Bewegungen ausdenken.

Ab 2 Jahren

Bei den wilden Räubern,
da gibt es heut ein Fest.
im Kreis gehen

Klatschen, stampfen, klatschen, stampfen
klatschen und dazu stampfen – oder auch abwechselnd

und auch leck're Sachen mampfen:
Käse und Brei,
Waffeln mit Ei
und so manche Schlemmerei.
über den Bauch streichen

Die Katze kommt!

Ein Klanggedicht mit Pfeifen

Haben die Kinder schon einmal beobachtet, dass die Vögel im Garten schnell wegfliegen, wenn sich andere Tiere oder Menschen nähern? Sie sind sehr scheu. Am schnellsten sind sie verschwunden, wenn eine Katze herumschleicht – wie in diesem Klanggedicht.

Material

- **Vögelchen: mehrere Pfeifen oder andere Instrumente nach Idee der Kinder oder Vorrat**
- **Katze: Trommel**

Ein Vögelchen sitzt dort, ganz allein,
so einsam möcht' es nicht gern sein.
eine Pfeife erklingt

Es zwitschert sich einen Freund herbei,
der kommt auch gleich, nun sind's schon zwei.
zwei Pfeifen erklingen zusammen

Die beiden zwitschern, so laut es geht,
bis da bald ein drittes steht.
drei Pfeifen spielen

Zu dritt lassen sie ihre Lieder erklingen,
zwitschern und lachen, freu'n sich und singen.
drei Pfeifen spielen

Da schleicht die Katze vom Nachbarn herbei,
mit dem Singen ist's jetzt schnell vorbei.
Trommel

Die Vögel sind weg, ganz still ist es jetzt,
kein Zwitschern dringt mehr aus Bäumen und Nest.
die Pfeifen werden immer leiser, bis sie ganz verklingen

Tipps

- Falls noch mehr Kinder mitmusizieren und mehr als drei Vögelchen pfeifen, können Sie zusätzlich noch diese Strophe einbauen, bei der alle restlichen Kinder als Vögel mit einfallen können:
  Da kommen noch viel mehr Vögel dazu,
  sie zwitschern und singen, vorbei ist die Ruh'.
- Im Musikwarenhandel gibt es auch Vogelpfeifen, zum Beispiel Amselpfeifen, die sich sehr echt anhören und auch für Kinder geeignet sind.

Klangerlebnisse für Kinder ab drei Jahren

Die älteren Kitakinder möchten ihr Klangerleben ausweiten und sind neugierig auf längere Geschichten sowie Klangideen, die Musik mit Spiel, Bewegung oder auch Reimen kombinieren. Auf den nächsten Seiten kommen sie auf ihre Kosten. Für manche Ideen in diesem Kapitel benötigen Sie mehrere unterschiedliche Klanginstrumente oder auch Instrumente aus dem Orff'schen Instrumentenvorrat – je nach Möglichkeit.

Große und kleine Wolken

Eine Klanggeschichte mit viel Getöse

Beim Blick in den Himmel können die Kinder immer wieder verschiedene Wolken und Wolkenformen beobachten: riesige, flauschige Wolken und kleine Schäfchenwolken. In dieser Geschichte kommt es zu einem Wolkenstreit, den die Kinder mit Klang nacherzählen können.

Ab 3 Jahren

Zum Verklanglichen dieser Geschichte können sich die Kinder entscheiden, ob sie lieber dicke Wolken spielen möchten (mit Instrumenten wie Pauke oder Trommel) oder kleine Wölkchen (mit Klangstäben oder Holzblock). Ein Kind übernimmt die Rolle der winzigen Wolke (mit Glöckchen oder Zimbeln) und ein Kind wird mit der Triangel zur Sonne. Dann kann es schon losgehen.

Material

- **große Wolken: Trommeln oder Pauken**
- **kleine Wolken: Klangstäbe oder Holzblock**
- **winzige Wolke: Glöckchen oder Zimbeln**
- **Sonne: Triangel**

„Ha!", sagten die großen Wolken. „Wir sind so groß und mächtig, wir haben hier am Himmel das Sagen!"

Trommeln / Pauken schlagen

Und die großen Wolken pusteten sich mächtig auf und rempelten sich zum Spaß gegenseitig an.

ganz laut die Trommeln / Pauken anschlagen

„Ach Quatsch!", riefen die kleinen Wolken. „Ihr regnet bald leer und dann sind wir kleinen Wolken am Zug. Wir sind nämlich viel schneller und außerdem sind wir auch viel schöner!"

Holzblock / Klangstäbe

Und die kleinen Wolken tanzten lustig über den Himmel und bildeten tolle Formen und Motive. Das gefiel den Menschen unten auf der Erde bestimmt gut.

lebhaft Holzblock oder Klangstäbe anspielen

So stritten die Wolken mehrere Tage lang: Die großen Wolken machten sich wichtig, …

Pauke / Trommel

… die kleinen Wolken lachten sie aus.

Holzblock / Klangstäbe

Der Streit der großen und kleinen Wolken wollte einfach kein Ende nehmen.

Pauke / Trommel und Holzblock / Klangstäbe zusammen

Da kam die Sonne hinter den Wolken hervor.

ein einzelner Schlag auf der Triangel

Sie wurde heißer und heißer …

mehrmals die Triangel anschlagen

… und verscheuchte die kleinen Wolken vom Himmel.

Holzblock und Klangstäbe zuerst laut anspielen, dann immer leiser und verklingen lassen

Dann verscheuchte sie auch die großen Wolken.

Pauke / Trommel laut anschlagen, dann immer leiser werden und schließlich verklingen

Und dann? Dann war nur noch eine ganz kleine, winzige Wolke übrig. Und die war sehr nett und freundlich – und hatte gar keine Lust zu streiten.

Zimbeln oder Glöckchen

Tipp

Wenn Sie schon dabei sind, Wolkengeschichten in Klänge zu kleiden: Wie könnte sich wohl ein Gewitter anhören? Können die Kinder das frei nachspielen?

Das Hexensüppchen

Ein Klanggedicht mit vielen Instrumenten

Was kommt alles in eine Hexensuppe? In diesem Klanggedicht wählen die Kinder für jede (gruselige) Zutat ein Musikinstrument aus. Am besten legen Sie dazu alle Instrumente gut sichtbar aus und besprechen gemeinsam, was sich für welche Zutat am besten eignet. Und dann kann der schrecklich schöne Genuss schon losgehen.

Ab 4 Jahren

Material

- **Instrumente für die Hexen: Ratschen oder Guiros**
- **Instrumente für jede Zutat, z. B.:**
  - **Trank, Wasser und Wein: Oceandrum**
  - **Flohaugen: Schellenkranz**
  - **Giftpilze: Klangstäbe**
  - **Kräuter: Maracas / Rasseln**
  - **Gewürz: Triangel**
  - **Pflanzen: Trommel**

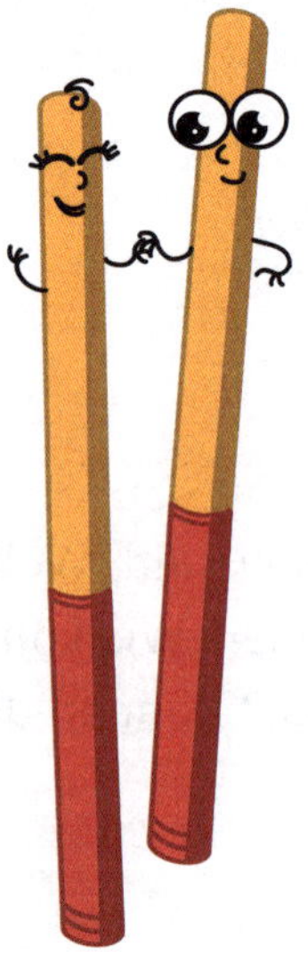

„Hihi!", kichern die Hexen, „ein Süppchen wird das!
Das schmeckt schrecklich lecker, was für ein Spaß!"
Ratschen oder Guiros

Sie gießen als Erstes ein Tränkchen hinein,
dann etwas Wasser, dazu etwas Wein.
Oceandrum

Dann kommen Augen von Flöhen und Faultierfett,
umrühren, aufkochen, ach ist das nett.
Schellenkranz

Giftpilze mit roten Köpfen,
dann mal kurz den Schaum abschöpfen.
Klangstäbe

Als Nächstes kommen Kräuter hinein,
die rieseln von selbst in das Süppchen ein.

Maracas oder Rasseln

Eine Prise Gewürz von faulen Eiern …

Triangel

… dazu noch Pflanzen aus stinkenden Weihern.

Trommel

Jetzt kocht noch einmal alles schön auf,
hm, riecht das lecker, wir freuen uns drauf!

alle Instrumente zusammen

Noch einmal kochen, hui ist das heiß!
Dann nur noch köcheln, wenig und leis.

zuerst alle Instrumente zusammen ganz laut anspielen, dann ganz leise

Jetzt ist es fertig, das Süppchen mit Schuss:
Für Hexen ist es ein echter Genuss!
Hmmmmmm!

wieder Ratschen oder Guiros

Tipp

Einfacher ist es, wenn die Kinder sich die Zutaten auf kleine Zettel malen und die Zettel zu den passenden Instrumenten legen. Aber hierbei ist Fantasie gefragt. Oder wissen Sie, wie Flohaugen aussehen?

Die kleine Eiche und der Vogel

Eine Jahreszeitenreise im Wald

Was eine Eiche alles im Laufe eines Jahres erlebt, das erfahren die Kinder in dieser Klanggeschichte. Sie können auch weitere Naturereignisse dazuerfinden oder andere Tiere mitspielen lassen – ganz nach den Einfällen der Kinder.

Ab 4 Jahren

Material

- **Eiche: Maraca oder Rassel**
- **Vogel: Pfeife, Vogelpfeife oder Glöckchen**
- **Wind und Sturm: Glockenspiel oder Xylofon**
- **Sommer / Hitze: Triangel**
- **Wolken: Trommel**
- **Regen: Rainmaker oder Scraper / Guiro**

Es war einmal ein kleiner Eichenbaum.

leise rasseln

Diese kleine Eiche raschelte lustig mit ihren Blättern, denn ein Wind fuhr durch den Wald.

lauter rasseln, dazu auf- und absteigende Tonfolge auf dem Xylofon für den Wind

Da setzte sich ein kleiner Vogel auf einen ihrer Äste. „Stört dich der Wind nicht?", fragte der Vogel.

Pfeife oder Glöckchen

„Aber nein!", sagte die Eiche und raschelte wieder mit ihren Blättern.

rasseln

Die Wochen gingen ins Land und es wurde heiß und trocken: Der Sommer war gekommen.

ein Schlag auf der Triangel

„Stört dich die Hitze nicht?", fragte der kleine Vogel.

Pfeife oder Glöckchen

„Ein bisschen schon", sagte die kleine Eiche und raschelte mit ihren Blättern, „komm nur und ruh dich im Schatten meiner Blätter aus!"

langsam rasseln

Endlich, nach vielen Tagen, zogen dicke Wolken am Himmel auf.

Trommel anschlagen

Es regnete und regnete.

Regengeräusche mit dem Rainmaker

„Magst du den Regen?“, fragte der kleine Vogel.

Vogelpfeife oder Glöckchen

„Ja!“, rief die kleine Eiche und ließ ihre Blätter im Regen rascheln. „Das mag ich sehr, denn dann habe ich genug zu trinken! Komm nur und kauere dich ganz nah an meinen Stamm, dann wirst du nicht nass!“

rasseln

Wieder vergingen viele Tage und es wurde Herbst. Die Blätter der Eiche wurden bunt und braun.

rasseln

Aber dann war es so weit: Ein Sturm zog auf. Er zauselte und zerrte an den Ästen und Blättern der kleinen Eiche.

laut und kräftig auf- und absteigende Tonfolgen auf dem Xylofon spielen, dazu rasseln

Der kleine Vogel versteckte sich ängstlich in einer Hecke. Als er seine Freundin, die Eiche, das nächste Mal besuchte, staunte er: „Aber wo sind denn deine Blätter hin?“, fragte er, denn die Zweige der Eiche hatten alle ihre Blätter verloren.

Vogelpfeife oder Glöckchen

Die kleine Eiche antwortete ganz schläfrig: „Pssst, ich schlafe jetzt ein bisschen, stör mich nicht!“ Und kein Blättchen raschelte mehr.

Stille

Der kleine Vogel war zuerst ganz traurig, aber bald schon wurde es wieder wärmer. Jeden Tag besuchte er jetzt seine Freundin, um zu sehen, ob sie schon wach war. Und eines Tages konnte man an den kahlen Ästen schon kleine Knospen erkennen. Und leise, ganz leise konnte man erahnen, dass die kleine Eiche bald wieder aufwachen und Blätter bekommen würde.

ganz leise rasseln

Raus aus dem Sack!

Ein Klangspiel zum Selbsterfinden

Lustige und spannende Klanginstrumente entdecken: Das macht den Kindern bestimmt Riesenspaß. In diesem spannenden Spiel können sie anhand solcher Instrumente eine eigene Klanggeschichte erfinden, und zwar einfach im Sitzkreis.

Ab 4 Jahren

Material

- **undurchsichtiges großes Fühlsäckchen**
- **Rassel**
- **Klangkugel**
- **Knackfrosch**
- **Glöckchen**
- **Kazoo**
- **nach Wunsch auch weitere oder andere Instrumente, die nur aus einem Teil bestehen bzw. ohne Klöppel auskommen, gern Instrumente, die die Kinder vielleicht noch nicht kennen**

Sammeln Sie in einem undurchsichtigen Fühlsäckchen verschiedene Klanginstrumente in der Anzahl der mitspielenden Kinder. Hier ist ein Beispiel für eine Klanggeschichte, die im Kreis entstehen kann. Nehmen Sie ein Instrument aus dem Säckchen heraus, zeigen Sie es den Kindern und spielen Sie es kurz an, beispielsweise den Knackfrosch. Denken Sie sich dazu den Beginn einer Geschichte aus, etwa: „Ein kleiner Frosch hüpfte fröhlich durch das Gras." Behalten Sie Ihr Instrument und geben Sie das Säckchen an das nächste Kind weiter. Es zieht nun ebenfalls ein Instrument heraus. Sie benennen es gemeinsam, das Kind spielt das Instrument an und führt dazu passend die Geschichte fort. Falls es beispielsweise die Rassel gezogen hat, könnte es fabulieren: „Da begann es zu regnen. Es regnete und regnete." Das nächste Kind zieht vielleicht die Klangkugel, lässt sie erklingen und denkt sich aus: „Da kam eine Fee, die ihren Zauberstab schwang, dass es nur so klingelte, und der Regen hörte auf." Das nächste Kind spielt auf dem Kazoo und denkt sich vielleicht aus: „Da kam ein Wind auf, der den Frosch beinahe weggepustet hätte." Das letzte Kind zieht das Glöckchen und ergänzt: „Da hielt der Frosch sich schnell an einem Stein fest. Aber als er nachschaute, war der Stein gar kein Stein, sondern eine Schildkröte."

Das große Gewitter

Ein Klanggedicht mit Lärm und Stille

Ab 3 Jahren

Donner, Hagel, Sturm und zuckende Blitze: Haben die Kinder eine Idee, mit welchen Materialien aus Küche und Bastelschublade man das nachstellen könnte? Die „Instrumenten"-Vorschläge in diesem Beispiel sind nur als Inspiration gedacht! Nutzen Sie mit den Kindern zusätzlich auch Ihre eigene Stimme!

Material

- **Sturm: über ein Weinglas oder in die hohlen Hände pusten**
- **Donner: Tablett oder Blechtafel oder ein großer Karton mit Tennisbällen darin**
- **Blitze (machen zwar an sich kein Geräusch, aber zum Spannungsaufbau trotzdem mitbedenken): „Tzzz!" rufen**
- **Hagel: Steinchen in einer Pappschachtel oder mit einer Kleiderbürste über Stoff oder Pappe reiben**
- **Zauberspruch: Glöckchen oder Windspiel (oder Geräusche vom Handy: zauberhafter Klingelton)**

Ein Sturm tobt heut ums Hexenhaus
von Hexe Hedi mit Gebraus.
Sturmgeräusche wie links beschrieben

Es donnert so laut, dass Bäume beben
und Hexen einen Schreck erleben.
Donnergeräusch, dazu „huch!" rufen

Blitze zucken, oh weh, oh je,
Hedi verschüttet vor Schreck ihren Tee.
„tzzz!" rufen

Dann kommt ein Hagel, der prasselt aufs Dach,
die Hexe seufzt: „Ich Arme, ach!"
Hagelgeräusch wie beschrieben

Da hat die Hexe eine Idee zum Glück:
Ein Zauberspruch drängt das Gewitter zurück!
„Hexel die Schneck: Gewitter, geh weg!"
Glöckchen oder Handygeräusch, dann Stille

Dort tief im Meer

Ein Klanglied zum Singen, Klingen und Malen

Zu der einfachen Melodie von „Auf uns're Wiese gehet was" können Sie dieses Liedchen singen. Die Kinder können es nach eigenen Ideen oder den hier angegebenen Tipps zusätzlich vertonen.

Ab 4 Jahren

Material

- **Meer: Oceandrum**
- **Glitzerfisch: Glöckchen**
- **Wal: Trommel**
- **kitzeln: Schellenkränze oder -stäbe**

Dort tief im Meer, da schwimmt doch was,
funkelt durch die Wellen.
Oceandrum

Es glitzert in der tiefen See,
auch an dunklen Stellen.
Glöckchen

Es ist das Fischchen Glitzerdiglitz,
glitzert wie ein Lichterblitz,
wer kann es erkennen?
Glöckchen

Doch plötzlich ist das Fischchen weg,
kein Glitzern und kein Funkeln.
Keiner weiß mehr, wo es steckt,
hier im Meer, im Dunkeln.
Stille

Liebes Fischchen Glitzerdiglitz,
komm mit deinem Lichterblitz,
sollst wieder für uns leuchten.
Stille

Da kommt ein dicker Wal daher,
mit einem Bauch voll Funkeln.
Trommel

Der hat wohl unsern Fisch verschluckt,
der lebt jetzt dort im Dunkeln.
ganz leise die Glöckchen anspielen

Lieber Wal, wir kitzeln dich,
spuck uns aus den Glitzerfisch,
wir wollen es dir danken.
Schellenkränze/-stäbe

Der Wal macht einen großen Satz
und ist schon halb verschwunden,
weit draußen auf dem Ozean,
da dreht er seine Runden.

Trommel, immer leiser werdend

Da glitzert doch was, schaut mal da,
der Glitzerfisch, wie wunderbar,
wird wieder für uns funkeln.

Glöckchen

Dort tief im Meer, da schwimmt doch was,
funkelt durch die Wellen.

Oceandrum

Es glitzert in der tiefen See,
auch an dunklen Stellen.

Glöckchen

Tipp

Den Glitzerfisch können die Kinder mit einer einfachen Technik malen: Zuerst bemalen sie ein kleines Blatt ganz wild mit bunten Wachsmalern, sodass einfach verschiedene Farben neben- und übereinander liegen. Dann alles mit einem schwarzen Wachsmaler übermalen. Mit der spitzen Seite des Spatels eine Fischform in die schwarze oberste Schicht ritzen: Nun kommen die bunten Farben darunter wieder zum Vorschein.

Der kleine Igel

Eine Klanggeschichte aus dem Wald

Igel haben es gut, bei Gefahr können sie sich einfach einrollen. Die Stacheln zeigen dann nach außen und Eule, Fuchs und Marder – die Fressfeinde des Igels – kommen nicht an ihn heran. Eine solche Begebenheit erzählt diese Geschichte. Die Kinder können sich selbst ausdenken, welche Instrumente sie den genannten Tieren zuweisen möchten; diese Vorschläge können als Inspiration dienen.

Material

- **Igel: Xylofon**
- **Eule: Pfeife oder die eigene Stimme**
- **Schnecke: Rassel**
- **Regenwurm: Holzblock**
- **Fuchs: Klangstäbe**

Ab 3 Jahren

In einem Wald lebte einmal ein kleiner Igel.

aufsteigende Tonfolge auf dem Xylofon

Am liebsten tapste er durch das Gras oder das Unterholz …

verschiedene Töne auf dem Xylofon

… auf der Jagd nach Schnecken …

rasseln

… oder Regenwürmern.

Holzblock anspielen

Die fand der kleine Igel einfach superlecker.

schnelle Töne auf dem Xylofon

Aber eines Tages hörte er ein Geräusch: „Huhuuuu!“, machte es.

das Rufen der Eule mit der Pfeife oder der eigenen Stimme nachmachen

Das konnte nur die Eule Eulalia sein!

wieder Eulenrufe

Und das bedeutete Gefahr!

laut mehrmals den gleichen Ton auf dem Xylofon anschlagen

Schnell rollte der Igel sich ein.

absteigende Tonfolge auf dem Xylofon

So blieb er eine Zeit lang unter Blättern und Zweigen liegen und rührte sich nicht.

Stille

Dann streckte er die Nase heraus und öffnete ein Auge.

leise einige aufsteigende Töne auf dem Xylofon anschlagen

War die Luft rein? Eulalia weg?

wie oben: aufsteigende Tonfolge auf dem Xylofon

Gott sei Dank, jetzt konnte der kleine Igel fröhlich weiter auf die Jagd gehen.

Töne auf dem Xylofon nach Lust und Laune

Da hörte er ein seltsames Bellen:
Das konnte nur der Fuchs sein!

Klangstäbe

Schnell rollte der Igel sich wieder ein und wartete ab.

absteigende Tonfolge auf dem Xylofon

Der Fuchs schnupperte am Igel, aber gerade als er zubeißen wollte, stach ihn ein Igelstachel in die Nase. „Auuuu!", rief der Fuchs, und ergriff die Flucht.

Klangstäbe ganz schnell anschlagen

Und unser Igel?

Stille

Der wartete noch eine ganze Weile ab. Dann streckte er vorsichtig die Nase aus seiner Igelkugel.

ein einzelner Ton auf dem Xylofon

Juhu, der Fuchs war weg. Jetzt konnte der kleine Igel wieder auf Schneckenjagd gehen.

aufsteigende Tonfolge auf dem Xylofon

Frühling, Sommer, Herbst und Winter

Ein Jahreszeitenklangbild

Wie klingt der Winter? Vielleicht hart und streng oder klirrend wie Glas? Und wie klingt der Frühling? In diesem kleinen Klangspiel können die Kinder jeder Jahreszeit Geräusche und Klänge zuordnen.

Ab 4 Jahren

Material

- **viele verschiedene Klanginstrumente oder Geräuschemacher – je nach Ihrem Vorrat**
- **4 Tabletts**
- **kleine Zettel mit Bildern der Jahreszeiten, beispielsweise eine Schneeflocke für den Winter, eine Sonne für den Sommer, ein Drachen für den Herbst …**
- **nach Wunsch: Aufnahmegerät**

Legen Sie alle Instrumente im Sitzkreis in die Mitte. Daneben legen Sie die Tabletts aus. Auf jedes Tablett kommt ein Jahreszeitenzettel. Die Kinder können nun die Instrumente nach ihren eigenen Eindrücken auf die Tabletts sortieren. Dazu werden die Kinder alle Instrumente ausprobieren wollen. Lassen Sie ihnen dazu genug Zeit und gehen Sie auf die Fragen der Kinder ein, beispielsweise wenn noch unbekannte Instrumente dabei sind. Beim Zuordnen der Instrumente zu den Jahreszeiten müssen sich die Kinder untereinander absprechen, sie trainieren dabei Sprachfähigkeit und soziale Kompetenzen. Sicherlich darf auch das gleiche Instrument, falls es doppelt vorkommt, zu zwei verschiedenen Jahreszeiten gehören.
Im Anschluss daran können Sie die Jahreszeiten erklingen lassen: Bringen Sie vielleicht zuerst den Frühling zum Klingen, dann den Sommer und so weiter, bis alle Jahreszeiten ihre Klänge verbreitet haben.

Tipp

Sie können die Klänge auch aufnehmen. Hat eine Jahreszeit, beispielsweise der Winter, mehrere Instrumente, können sie alle gleichzeitig erklingen lassen, oder aber die Kinder denken sich eine Klang-Choreografie aus, bei der die Klänge nacheinander erklingen.

Klangideen für alle Jahreszeiten

Frühling, Sommer, Herbst und Winter kommen in diesem Kapitel auf ihre Kosten. Und auch die „kleinen" Jahreszeiten und ihre Feiern wie Fasching, Ostern, Halloween und die Adventszeit sind natürlich mit dabei. Die Klanggeschichten in diesem Kapitel orientieren sich dabei einerseits an den typischen Naturgeräuschen, andererseits aber auch an den Festen und ihren Besonderheiten. Kommen Sie mit auf einen musikalischen Streifzug durch das Jahr!

Der erste Krokus blüht

Ein Klanggedicht, um den Winter zu verabschieden

Wie schön ist es jedes Jahr, die ersten bunten Blumen zu entdecken, wenn der Winter langsam seinen Abschied nimmt. Die Freude darüber will dieses kurze Klanggedicht ausdrücken.

Ab 2 Jahren

Material

- **Wind: Schellenkranz oder -stab**
- **Krokusstängel: Holzblock**
- **Blüte: Triangel**

Wenn viele Kinder bei diesem Klanggedicht mitmachen, dann können mehrere Kinder den Krokus vertonen: Wenn Sie nicht mehrere Holzblöcke mit Klöppeln zur Verfügung haben, passen auch Klangstäbe oder andere „Klopfinstrumente". Das Blühen können die Kinder dann zusätzlich zur Triangel auch mit Glöckchen oder weiteren Instrumenten ihrer Wahl unterlegen.

Eis und Schnee im Gartenbeet,
wo noch keine Blume steht.
Stille

Eisig fegt ein kalter Wind
über Erde und Eis geschwind.
mit dem Schellenkranz rasseln

Doch plötzlich ist ein Spitzchen da,
ganz grün und frisch – wie wunderbar.
ein einzelner Schlag auf dem Holzblock

Jetzt reckt es sich und strengt sich an,
wächst zu 'nem Stängelchen heran.
mehrere Schläge auf dem Holzblock

An diesem Morgen, ach wie schön:
Da ist die Blüte schon zu sehn'n!
Triangel

Der erste Krokus, lila und weiß,
der blüht jetzt schon in Schnee und Eis.
Triangel und Holzblock zusammen

Wenn die Grillen aufwachen

Ein Klanggedicht mit Selbstmach-Instrument für den Frühling

Für dieses Klanggedicht können die Kinder auf PET-Flaschen mit „Riffelung", etwa von Mineralwasser, ratschen: einfach mit einem Stab oder Löffel an der Riffelung entlangstreichen – und schon haben Sie einen tollen Grillenzirpton!

Ab 2 Jahren

Die Grillen und Hüpfer schlafen noch still.
Pst! Weil niemand sie stören will.
Stille

Zuerst wachen dann die alten auf,
hüpfen auf Gräser und Blättchen hinauf.
wenige Kinder fangen an zu ratschen

Dann kommen, Achtung, mit großem
Schwung
die Grillen und Hüpfer, noch eher jung.
noch mehr Kinder ratschen

Zum Schluss kommen noch die Kinder dazu,
jetzt sind alle da, juchhe und juchhu!
alle Kinder ratschen

Was ist das nun für ein lautes Treiben,
wenn Grillen und Hüpfer ihre Beinchen reiben!
alle Kinder ratschen richtig laut

Doch spät in der Nacht gehen alle zur Ruh,
machen die kleinen Äugelchen zu.
langsam verklingt das Ratschen, bis zum Schluss
Stille herrscht

Lieber Osterhase

Ein Dankeschön-Klanggedicht für die Osterzeit

Ab 2 Jahren

Sich mit ganz viel Freude und Spannung beim Osterhasen bedanken: Das können die Kinder mit diesem kurzen und ganz einfachen Klanggedicht, das Sie auch auf der Osterfeier in der Kita gut vorführen können. Die Instrumente können die Kinder selbst aussuchen, denn es eignen sich eigentlich alle. In diesem Beispiel spielen alle Kinder das gleiche Instrument – bis auf ein Kind, das das winzige Ei darstellt.

Material

- **ein Klanginstrument nach Wahl für jedes Kind**
- **Triangel für das winzige Ei**

Lieber Osterhase, wir freuen uns heute,
wir kleinen und wir großen Leute.
alle Kinder spielen ihre Instrumente

Ein kleines Ei haben wir entdeckt,
das hast du unter der Hecke versteckt.
ganz leise spielen

Ein großes Ei liegt dort im Gras,
schnell mitgenommen, sonst wird es nass.
lauter spielen

Ein Riesen-Ei, das finden wir auch,
es liegt am Sandkasten in einem Strauch.
ganz laut und kräftig spielen

Und ganz zum Schluss, wer hätt es gedacht,
ein winziges Ei hast du auch noch gebracht.
flüstern, die Triangel anschlagen

Drum vielen Dank, bis nächstes Jahr,
Ostern ist wirklich wunderbar!
alle Kinder spielen wieder zusammen

Wie die Gräser im Wind

Sommerklänge mit Wind und Wetter

Ab 4 Jahren

Hohe Grashalme auf einer Wiese spielen die Hauptrolle in diesem Klanggedicht. Wenn Sie mit den Kindern einen Ausflug auf eine solche wilde Wiese unternehmen können, sammeln die Kinder bestimmt noch mehr Eindrücke, die Sie mit Reimen in dieses Klanggedicht einarbeiten können.

Material

- Gräser: Glockenspiel (ersatzweise Xylofon)
- Käfer: Holzblock
- Regen: Regenmacher/Rainmaker
- Schnecken: Handtrommel
- Schmetterlinge: Triangel

Siehst du, wie die Gräser wehen,
die im Wind auf der Wiese stehen?
Glockenspiel: auf- und absteigende Tonfolge

Ein kleiner Käfer fliegt schnell weg,
wurde gestört in seinem Versteck.
Holzblock

Da tröpfelt's und regnet's – ein Sommerregen,
den brauchen die Gräser zum Überleben.
Regenmacher

Jetzt ist es nass, zur Freude der Schnecken.
Die kommen jetzt gerne aus ihren Verstecken.
Handtrommel

Und wenn Regen und Wind wieder schlafen gehen,
dann kommen Schmetterlinge – wie wunderschön!
Triangel

Den Gräsern gefällt's, die flüstern im Wind,
komm, lieber Sommer, geschwind, geschwind!
wieder Glockenspiel mit auf- und absteigender Tonfolge

Danke!

Ein Erntezeit-Klangtheater

Ab 3 Jahren

Dieses Klanggedicht können Sie mit eigenen Ideen erweitern und als Klangtheater beim Sommerfest aufführen. Sie brauchen nur „Stabpuppen" der „Hauptdarsteller" und verschiedene Klanginstrumente für die Kinder – und schon kann's losgehen.

Material

- **Bastelstäbe, Klebestreifen, Tonkarton, Buntstifte für die Stabpuppen**
- **Klanginstrumente nach Wahl, hier:**
  - **Kürbisse: Handtrommel**
  - **Äpfel: Klanghölzer**
  - **Pfirsiche: Schellenstab**
  - **Kartoffeln: Holzblock**

Ich mag gern Kürbisse, dick und rund,
die hüpfen als Suppe direkt in den Mund.
mehrere Schläge auf der Handtrommel

Danke für all das gute Essen,
danke, das werden wir nicht vergessen!
alle Instrumente zusammen

Ich liebe Äpfel, so knackig und fein,
die können im Saft und im Kuchen sein.
Klanghölzer mehrmals anschlagen

Danke …
alle Instrumente zusammen

Ich mag lieber Pfirsiche, süß und mit Kern,
die esse ich für mein Leben gern.
Schellenstab

Danke …
alle Instrumente zusammen

Ich mag Kartoffeln, so knollig und lecker,
die gibt es wirklich für alle Geschmäcker.
Holzblock anschlagen

Danke …
alle Instrumente zum Abschluss von laut nach leise verklingen lassen

Drachen am Himmel

Ein Klanggedicht mit Saus und Braus

Wenn Sie mit den Kindern aus alten Plastiktüten und einer Schnur selbst Minidrachen gestalten, mit denen die Kinder im Wind herumlaufen, dann können Sie sie hören: die Geräusche, die der Wind macht. Und wie es sich anhört, wenn die Drachen sich aufpusten und durch die Luft gezogen werden. Diese Eindrücke greift das folgende Klanggedicht auf. Es verbindet Klangerlebnisse mit Bewegung und eignet sich auch für draußen.

Ab 3 Jahren

Material

- **pro Kind einen Heulschlauch**

Im Herbst, wenn wilde Winde wehen,
dann kannst du Drachen am Himmel sehen.
die Heulschläuche bewegen

Sie zischen durch die Lüfte so elegant,
und du hältst sie selbst in deiner Hand.
wie oben

Sie dreh'n sich im Kreise, rundherum,
landen in Bäumen mit Krach und Krawumm.
die Kinder drehen sich mit ihren Schläuchen

Doch wenn die Winde zur Ruhe gehen,
kann kein Drachen am Himmel mehr stehen.
„psst!" machen, Stille

Dann schlafen sie ruhig und träumen schön,
bis wieder die Winde und Stürme wehen.
Stille

Wenn die Tiere sich verstecken

Ein Klanggedicht für die Winterschlafzeit

Auch die jüngeren Kinder können in diesem Klanggedicht schon mitmachen. Kinder, die sich ihren Einsatz bereits gut merken, übernehmen eines der Tiere. Alle anderen Kinder vertonen zusammen mit weiteren Instrumenten nach Wahl den Herbst. So können in altersgemischten Gruppen viele Kinder gemeinsam musizieren. Sie können zusätzlich auch Strophen weglassen oder selbst dazudichten, um das Gedicht der Anzahl der Kinder anzupassen.

Ab 2 Jahren

Material

- **Eichhörnchen: Holzblock**
- **Igel: Handtrommel**
- **Bär: Pauke**
- **Frösche: Rassel**
- **Schmetterlinge und Spinnen: Klanghölzer**
- **Bienen: Schellenkranz**
- **Herbst: alle Instrumente und/oder weitere Instrumente nach Wahl gemeinsam**

Wenn Eichhörnchen Nüsse und Bucheckern suchen,
dann ist es Herbst unter Eichen und Buchen.

zuerst Holzblock allein, dann – zweite Zeile – alle Instrumente gemeinsam

Wenn Igel gähnen und im Laubhaufen wuscheln,
dann ist es Herbst und Zeit, um zu kuscheln.

zuerst Handtrommel allein, dann alle Instrumente zusammen

Wenn Bären in Höhlen schlafen gehen,
dann ist es Herbst und Winde wehen.

zuerst Pauke allein, dann wieder alle Instrumente gemeinsam

Wenn Frösche sich in Pfützen verstecken,
dann ist es Herbst in Wäldern und Hecken.

zuerst Rassel allein, dann alle Instrumente wieder zusammen

Wenn Schmetterlinge und Spinnen sich eilig verkriechen,
dann ist es Herbst, man kann ihn schon riechen.

zuerst Klanghölzer allein, dann alle Instrumente gemeinsam

Wenn Bienen zurück in den Bienenstock fliehen,
dann ist es Herbst und Wolken ziehen.

Schellenkränze, dann Instrumente gemeinsam

So ist der Herbst, so bunt und auch schön,
die Zeit, in der Tiere schlafen gehen.

alle gemeinsam, immer leiser werdend

Fledermäuse flattern

Ein Halloween-Klangvers

In der Halloweenzeit macht dieser kleine Gruselklangvers Freude, den die Kinder mit Effektpfeifen wie Susu, Kazoo oder Kolbenflöte begleiten können, um das Flattern der Vampire im Wind nachzumachen.

Ab 3 Jahren

Material

- **pro Kind: eine Kolbenflöte/Lotusflöte, ein Susu oder Kazoo**

Ihr Fledermäuse, schnell zum Tanz,
mit Flügeln, Krallen, Beinchen, Schwanz!
aufsteigender Ton, langgezogen

In die Lüfte – huiii – und wild umher,
dann wild im Kreise, bitte sehr.
einfach wild auf den Flöten spielen und die lustigen Geräusche genießen

Doch dann, wenn's hell wird, fliegen alle zurück,
schlafen kopfunter – was für ein Glück.
absteigender Ton, langsam

Klapperdiklapp!

Unterwegs mit Sankt Martin und seinem Pferd

In dieser kurzen Klanggeschichte begleiten die Kinder Sankt Martin und seine Männer auf einem Abenteuer, das historisch nicht überliefert ist. Der heilige Mann verschenkt hier nicht ein Stück von seinem Mantel, sondern Essen und Münzen.

Ab 4 Jahren

Material

- **Pferde: Kastagnetten und andere Hufgeräusche-Macher (beispielsweise selbst gemacht oder auch Stielkastagnetten, Agogo oder andere)**
- **Kind: Triangel**
- **Münzen: einige Münzen in einem Säckchen**

Sankt Martin reitet heute mit seinen Männern durch den eisigen Schnee. Das Hufgeklapper der Pferde hört sich im Schnee nur ganz leise an.

leise oder langsam Kastagnetten / Instrumente für das Hufgeklapper spielen

Aber dann reiten sie in die Stadt und hier hört man die Hufe lauter.

kräftig Instrumente für die Hufgeräusche anspielen

An einer Ecke steht ein Kind.

ein Schlag auf der Triangel

„Ihr Soldaten!", ruft das Kind. „Habt ihr etwas zu essen für mich? Ich bin arm und hab schrecklichen Hunger!"

Triangel anspielen

Die Pferde machen halt.

Kastagnetten / Hufgeräusche hören plötzlich auf

Sankt Martin sucht in seinen Taschen. Er findet ein leckeres Brot und gibt dem Kind auch einige goldene Münzen.

mit den Münzen klappern / klingeln

„Juhuuu!", ruft das Kind. „Vielen Dank!"

Triangel mehrmals anschlagen

Da reiten die Soldaten weiter. Man hört das Geklapper der Hufe noch lange, bis es schließlich verklingt.

Hufgeklapper, erst laut, dann immer leiser, dann Stille

Er hat 'nen dicken Mantel an

Ein Stampfvers mit Glöckchenfußbändern

Mit Glöckchen- oder Schellenfußbändern (oder alternativ einfach Glöckchen, Zimbeln und Schellen aller Art zum In-die-Hand-Nehmen) können die Kinder diesen Nikolausreim nachstampfen – und sich dabei auf den Nikolausabend freuen.

Material

- **für jedes Kind ein Glöckchen- oder Schellenfußband**

Ab 4 Jahren

Wer stampft da nachts durch Schnee und Eis?
Pst, wir wollen lauschen, leis'!

zur ersten Zeile rhythmisch mitstampfen, dann ganz still stehen bleiben und ganz leise sein, flüstern

Er hat 'nen dicken **Mantel** an,
Stiefel an den Füßen dran.

flüstern, nur zu den fett gedruckten Wörtern stampfen und klingen

Auf dem Rücken einen **Sack**,
den trägt er nämlich hucke**pack**.

wie oben: nur zu den hier fett gedruckten Wörtern und Wortteilen stampfen

Jetzt rennt er ganz schnell vor uns weg,
sucht sich sicher ein Versteck.

ganz schnell auf der Stelle laufen und dazu klingen

Dann stampft er weiter, leiser jetzt,
bringt jedem Kind was mit zum Fest.

wieder rhythmisch zum Text oder nach Lust und Laune stampfen und klingen

Es weihnachtet bald!

Ein Klanggedicht für die Weihnachtsfreude

In diesem Gedicht könnten die Kinder das Christkind treffen. Zumindest können sie es mit leisen Klängen versuchen anzulocken.

Material

- **Dunkelheit: Xylofon**
- **Schneeflocken: Glockenspiel oder wieder Xylofon**
- **Flügel: Rassel/Maraca**
- **Stimme vom Christkind: Triangel**
- **Winde: Fingerzimbeln**
- **Schimmern und Glitzern: Glöckchen oder Schellen**

Wenn es dunkel wird vor der Weihnachtsnacht,

absteigende Tonfolge auf dem Xylofon

wenn Schneeflocken treiben, zart und sacht,

wild über das Xylofon oder Glockenspiel streichen

dann könnt ihr vielleicht das Christkind sehen,
seine Flügel, die leis in der Nachtluft wehen.

rasseln

Dann könnt ihr vielleicht seiner Stimme lauschen

Triangel

und wie Winde in kahlen Zweigen rauschen.

Fingerzimbeln

Dann schimmert und glitzert es plötzlich im Wald,

Glöckchen

denn jetzt wird es fröhlich: Es weihnachtet bald!

alle Instrumente erklingen zusammen

Wohin die Schneeflocken wehen

Ein Schneereim für den Winter

In diesem Klanggedicht können die Kinder einfach jeweils das gleiche Instrument bekommen oder sich selbst ihr Instrument aussuchen.

Ab 2 Jahren

Material

- **für jede im Text genannte Schneeflocke einfach ein Instrument pro Kind nach Wahl**

Schneeflocken rieseln vom Himmel herab,
setzen sich auf Mützen und Haarschöpfen ab.
alle Kinder spielen gemeinsam auf ihren Instrumenten

Eine fällt direkt auf ein Kind,
das fängt sie ein und freut sich geschwind.
Kind 1 spielt allein sein Instrument

Die nächste rieselt erst über das Dach,
landet ganz ohne Lärm im Bach.
Kind 2 spielt sein Instrument

Die dritte trudelt im Kreis umher,
kitzelt ein Kind an der Nase sehr.
Kind 3 spielt allein sein Instrument

Die vierte weht langsam und behaglich dahin,
landet dann endlich auf deinem Kinn.
Kind 4 spielt allein sein Instrument

Doch dann schneit es stärker und mehr,
Schneeflocken fliegen und sausen umher.
alle Kinder spielen gemeinsam

Immer weiß und weißer wird die Welt,
hüllt sich jetzt ein in Schnee, Eis und Kält'.
alle Kinder spielen gemeinsam

Wo geht's denn hier zur Faschingsparty?

Eine Klanggeschichte für die Faschingszeit

Bei dieser Klanggeschichte treffen sich vier Faschingsnarren, um eine Party zu suchen. Auch hier sind die Vorschläge für die Instrumente nur zur Inspiration gedacht. Lassen Sie die Kinder aus Ihrem Vorrat selbst wählen!

Ab 3 Jahren

Material

- **Clown: Kolbenflöte**
- **Ritter: Schellenkranz**
- **Prinzessin: Glöckchen oder Glockenspiel**
- **Hexe: Ratsche oder Guiro**

Der Clown wollte gern zur Faschingsparty gehen. Er setzte seine Nase auf … *aufsteigender Ton auf der Flöte*
… und wusste eigentlich gar nicht, wohin er gehen sollte. *absteigender Ton auf der Kolbenflöte*
„Entschuldigung, wo geht es denn zur Faschingsparty?", fragte er den Ritter, der gerade um die Ecke kam. *Schellenkranz für den Ritter anspielen*
„Oh, das weiß ich auch nicht, werter Clown!", sagte der Ritter höflich. „Aber dort wollte ich soeben auch hin. Darf ich mich Ihnen anschließen?" *wieder Schellenkranz*
Da kam eine Prinzessin vorbei, die ebenfalls die Party suchte. *Glöckchen anspielen*
Die drei machten sich zusammen auf die Suche nach der Party. *alle drei Instrumente spielen zusammen*
Da rief von Weitem jemand mit schriller Stimme: „Haaalt! Nehmt mich auch mit!" Und eine Hexe kam angekeucht. *Ratsche*
Und die Hexe wusste, wo die Party stattfand, und flog alle zur Party. *Ratsche*
Und dort tanzten und lachten und schlemmten die Freunde bis spät in den Abend hinein. So eine tolle Party hatten sie schon lange nicht mehr besucht. *alle vier Instrumente spielen gemeinsam*

Tipp

Wenn mehr als vier Kinder bei der Klanggeschichte mitspielen möchten, dann kann der Ritter natürlich auch durch zwei Schellenkränze dargestellt werden, genau wie die anderen Rollen. Auch möglich: Immer beim Wort „Faschingsparty" lassen die anderen Kinder Tröten, Triangel und Trommel erklingen.

Klopfen, klatschen, stampfen und weitere Geräusche

Es müssen nicht immer die klassischen oder beliebten Klanginstrumente sein: Auch mit selbst gemachten Tönen und Klängen lassen sich Geschichten untermalen und erzählen. Mit der eigenen Stimme, mit Klatschen, Stampfen, Fingerschnipsen, aber auch durch Trommeln auf dem Tisch, den Oberschenkeln oder auf dem Boden geht es in den Geschichten und Reimen in diesem Kapitel zur Sache.

Da stampft ein dicker Elefant

Ein Tischtrommelreim aus dem afrikanischen Sumpf

Für diesen Reim nehmen Sie mit den Kindern am besten an einem stabilen Tisch Platz. Toll ist es, wenn die Kinder im Takt zur Sprache mit den Händen und Fäusten auf den Tisch klopfen können.

Ab 2 Jahren

Mit schweren Beinen durch das Land,
da stampft ein dicker Elefant.

mit den Fäusten im Takt auf den Tisch trommeln

Ein Krokodil schleicht hinterher,
dem schmecken dicke Tier sehr.

mit den Fingerspitzen über den Tisch streichen und „hmmm, lecker!" rufen

Da kommt 'ne Fliege mit Gebrumm,
der Elefant erschrickt, fällt um.

mit der Hand als Fliege angeflogen kommen, dann mit beiden Händen auf den Tisch schlagen, wenn der Elefant umfällt

Das Krokodil kriegt einen Schreck
und rennt in Angst gleich wieder weg.

mit den Fingerspitzen über den Tisch laufen bis zum Tischrand, die Hände dann unter dem Tisch verstecken

Flugversuche

Eine Trampelrakete aus dem Vogelreich

In diesem Trampelreim lernt ein kleiner Vogel fliegen. Die Kinder erleben es mit Gestampfe und Geschrei mit. Setzen Sie sich dazu am besten mit den Kindern im Kreis auf den Boden. Auch die Kleinsten können hier schon mitmachen.

Ab 1 Jahr

Der kleine Vogel holt tief Luft,
denn heute lernt er Fliegen: Uff!
tief Luft holen

Anlauf nehmen, mit viel Kraft,
dann springen und jawoooohl, er schafft's.
zuerst ganz fest mit den Füßen auf dem Boden trampeln, bei „jawooohl!" die Arme hochreißen und aufhören zu trampeln

Durch die Lüfte, hoch hinaus,
juhu, geschafft, der Reim ist aus!
mit den Armen Flatterbewegungen machen

Bei den Zwergen

Eine Topfschlaggeschichte

In dieser Klanggeschichte hat jedes Kind das gleiche Instrument: einen (ausrangierten) Küchentopf, dem es mit einem Löffel unterschiedliche Geräusche entlockt.

Ab 2 Jahren

Material

- **für jedes Kind einen Topf oder eine stabile Schüssel und einen Löffel**

Die Zwerge sind sehr gute Handwerker. *alle schlagen auf ihre Töpfe*
Tief unten in der Erde in Höhlen haben sie ihre Werkstatt. Hier stellen sie Schwerter, Messer, aber auch schönen Schmuck her. *Töpfe schlagen*
Und hier graben sie auch nach Schätzen. *mit dem Löffel über den Topf kratzen*
Manchmal finden Sie wertvolle Edelsteine *einmal an den Topf schlagen*
oder Metalle und Erze wie Gold und Silber. *an den Topf schlagen*
Heute haben die Zwerge einen besonderen Auftrag, der geheim bleiben muss. *flüstern, Töpfe ganz leise anschlagen*
Sie stellen nämlich eine neue Krone für die Königin Kitzelfuß her. *ganz leise Töpfe anschlagen*
Dazu schmelzen sie erst Gold in einem Topf, *in den Töpfen rühren*
dann gießen sie es in eine Kronenform und lassen es aushärten und zum Schluss klopfen sie die Krone aus der Gießform heraus. *Töpfe anschlagen*
Nun hämmern die Zwerge die Krone noch in Form. *wieder Töpfe anschlagen*
Ein Zwerg klebt dann noch Edelsteine auf die Krone: einen großen roten Stein, *einmal klopfen*
einen großen blauen Stein *einmal klopfen*
und ganz, ganz viele kleine, funkelnde weiße Steinchen. *mehrmals klopfen*
Jetzt ist die Krone fertig. Die Zwerge schleichen leise, ganz leise zum Schloss der Königin. *ganz leise an den Topf klopfen*
Dort legen sie die Krone auf ein Kissen vor dem Schlosstor ab. Ein Zwerg klopft an das Tor. *einmal an den Topf klopfen*
Dann rennen die Zwerge so schnell sie können weg und verstecken sich im Gebüsch. *Töpfe schlagen*
Was glaubt ihr, was jetzt passiert? Genau: Die Diener schauen nach, wer geklopft hat, entdecken die Krone und bringen sie zur Königin. Ob sie sich freut? Na klar, die Königin freut sich wie verrückt, sie schlägt die Hände zusammen, *in die Hände klatschen*

führt ein kleines Freudentänzchen auf und probiert die Krone direkt an. Und dann? Dann stellt sie für die Zwerge als Dank lauter Töpfe mit Leckereien vor das Schlosstor. *Töpfe anschlagen*
Und was glaubt ihr, am nächsten Tag sind alle Töpfe leer gegessen. Und seither bringen die Zwerge der Königin Kitzelfuß immer wieder schönen Schmuck oder Kronen. *Töpfe anschlagen, erst laut, dann immer leiser, zum Schluss Stille*

Tipp

Im Anschluss an die Geschichte können die Kinder die Krone malen. Sie können die Geschichte auch selbst nach eigenen Ideen weitererzählen: Vielleicht schmieden die Zwerge als Nächstes ein Schwert für den König Schnuppernase?

Im Drachenwald

Eine Geräuschgeschichte zum Nichtfürchten

Ganz ohne Klang und Klanginstrumente und nur mit Geräuschen kommt diese Geschichte aus. Die Geräuschquellen können die Kinder selbst erfinden. Toll ist es auch, wenn Sie die Geschichte mit allen Geräuschen aufnehmen und so später Ihr eigenes Hörspiel zur Hand haben.

Ab 4 Jahren

Material und Geräuschideen

- **Wichtel: Gehgeräusche mit den eigenen Füßen**
- **Bäumerauschen: Schachtel mit Knisterpapier und Murmeln füllen**
- **Wind: in die hohlen Hände blasen**
- **Eule: die eigene Stimme**
- **Riese: Stampfgeräusche**
- **Bäumebrechen: Stöckchen durchbrechen**
- **Drache: Sand in eine Blechdose füllen**
- **Feuer: Backpapier knistern lassen**

Himp und Pimp, zwei Wichtel, waren im Drachenwald unterwegs. *Gehgeräusche mit den eigenen Füßen*
Ein bisschen fürchteten sie sich, denn im Drachenwald war es nicht wie in anderen Wäldern. Die Bäume rauschten hier bedrohlich. *Baumgeräusch*
Der Wind heulte *Windgeräusch*
und hin und wieder schrie ein Waldvogel oder eine Eule. *Eulenruf*
Himp und Pimp blieben stehen. *Gehgeräusche, dann Stille*
„Hörst du das?“, flüsterte Himp ängstlich. „Ich glaube, da kommt etwas … Großes!“
„Ach, das ist bestimmt nur der Wind!“, versuchte Pimp seinen Freund zu beruhigen. *Windgeräusch*
„Komm, lass uns weitergehen!“ *Gehgeräusche*
Doch bald wurde das Geräusch lauter. *Stampfen*
Bäume brachen krachend ab. *Krachgeräusch/ Stöckchen durchbrechen*

„D-d-das ist w-wohl d-der Riese!", schauderte Himp. „Hallo, Riese!"
„Hallo!", rief der Riese von oben auf die beiden Wichtel herab. *Stampfgeräusche*
„Ganz schön unheimlich hier, was?"
„J-ja, tritt uns bloß nicht aus Versehen um!", bat Pimp.
„Mach ich nicht, ich pass auf! Aber mir ist ganz schön kalt. Habt ihr nicht ein Feuerchen zum Aufwärmen und um was zu futtern?", fragte der Riese und trat noch ein paar Bäume um. *Stampfen und Stöckchen zerbrechen*
„Ich kann auch mit euch teilen, ich hab mir grad einen Elch geschnappt!" Und der Riese ließ einen Elch vor den beiden Wichteln auf den Boden plumpsen, dass es nur so rumste. *ganz fest mit einem Fuß auf den Boden stampfen*
Die Wichtel versuchten, ein Feuer anzuzünden, aber der Wind kam und blies es jedes Mal wieder aus. *Windgeräusch*
Da versuchte es der Riese, aber auch sein Feuer erlosch immer wieder im Wind. *Windgeräusch*
Der Riese wollte gerade einen Wutanfall bekommen und die beiden Wichtel versteckten sich vorsichtshalber, da zischte es hinter den Bäumen. *mit der Blechdose rasseln*
Ein Drache kam hinter den Bäumen hervor. Seine Augen waren rot und glühend und an den Füßen hatte er Krallen, so lang und spitz wie Schwerter. Vor Schreck schrien alle drei, Riese und Wichtel, auf!
„Hallöchen!", zischte der Drache. „Versucht ihr, Feuer zu machen? Na, ich könnte euch helfen …" *mit der Blechdose rasseln*
„Ach so!", sagte Himp. „D-d-dann w-w-willst du uns n-nicht fr-fressen?" *Gehgeräusche*
„Doch, schon, aber wenn ihr mir ein Häppchen von dem Elch abgebt, dann nehm ich das. Ist ja auch ganz lecker." *Drachengeräusch / Blechdose*
„Niemand", brüllte der Riese, „frisst hier irgendwen. Außer den Elch. Wenn du dich benimmst, kannst du mitessen!" *Stampf-/Riesengeräusch*
„Na gut", stimmte der Drache zu. Im Nu hatte er ein tolles Feuer angespuckt, das gemütlich vor sich hinbrannte und knisterte und knackte. *Blechdose / Drachengeräusch, dazu mit dem Backpapier knistern*
Die Wichtel streuten Kräuter auf den Elch und brieten ihn am Feuer. Und dann ließen es sich die vier schmecken. *Drache, Riese und Wichtel gemeinsam*

Der große Streit

Eine Aufpass-Geräuschgeschichte aus dem Wald

Totes Holz im Wald ist wichtig für viele Tiere. Diese Erfahrung machen die vier Waldtiere in dieser Geräuschgeschichte: Jedes möchte den toten Baumstamm für sich haben. Die Kinder können die Geschichte mit Geräuschen mit- und nacherzählen und sich selbst ausdenken, wie sie wohl enden könnte.

Ab 4 Jahren

Geräuschvorschläge

- **Specht: mit den Fingerknöcheln auf den Boden klopfen**
- **Biber: mit der Zunge schnalzen oder (wer's kann!) mit den Fingern schnipsen**
- **Borkenkäfer: in die Hände klatschen**
- **Wildschwein: mit den Fäusten auf den Boden trommeln**

Immer wenn in der Geschichte eines der Tiere mit seinem Tiernamen erwähnt wird, machen die Kinder das passende Geräusch:

Im Wald war ein Baum vom Blitz getroffen worden und abgestorben. Ein Stück vom Baumstamm ragte noch aus der Erde, aber längst waren die Äste und Blätter abgebrochen und abgefallen. Ein **Specht** landete auf dem Baumstamm und freute sich: „Au prima, da kann ich ja eine Höhle für meine **Specht**babys hineinpicken!" Der **Specht** holte tief Luft und begann sofort, in den Baum zu picken.
Unten am Baum stand zur gleichen Zeit ein **Biber**. Der **Biber** kratzte sich nachdenklich am Kinn: „Hm, diesen Stamm hier könnte ich prima annagen. Dann würde er in den Bach fallen und ich könnte meinen **Biber**-Staudamm damit befestigen." Und sofort begann der **Biber**, am Baum zu nagen.
In dem Baumstamm, der jetzt von all dem Nagen und Pochen ganz schön wackelte, lebte auch ein kleiner **Borkenkäfer**. Gerade war der **Borkenkäfer** damit beschäftigt, seine Gänge in das Holz des Stammes zu fressen. „Hm, das schmeckt so lecker!", freute sich der **Käfer**. „Damit komme ich gut über den Winter, wenn ich so viel zu fressen habe!"
Doch auf der anderen Baumseite rieb sich ein **Wildschwein** den Rücken am Baumstamm. „Ach, tut das gut!", seufzte das **Wildschwein**. „Na, diesen Baum hier, den werde ich mir merken, wenn ich mir wieder mal den **Wildschwein**rücken kratzen will."

Da bemerkten die Tiere sich: **Wildschwein**, **Biber**, **Specht** und **Borkenkäfer** waren ganz schön erstaunt. *alle Geräusche schnell nacheinander*

Jeder wollte natürlich den Baum für sich haben. Das **Wildschwein** schnaubte wütend, der **Biber** schimpfte, der **Borkenkäfer** schrie erbost und der **Specht** ärgerte sich. Was glaubt ihr wohl, wie sie sich geeinigt haben?

Möglichkeiten zum Weitererzählen

Noch während das Wildschwein, der Biber, der Specht und der Borkenkäfer stritten, …

Variante 1: Das Gewitter

… war ein mächtiges Gewitter aufgezogen. Der Blitz traf den Baum zum zweiten Mal. Der Stamm zerbrach und fiel in mehreren Stücken zu Boden. Der **Specht** konnte hier keine Höhle mehr bauen und flog weiter, um sich woanders eine Höhle zu picken. Der **Biber** war sehr zufrieden, denn ein Stück vom Stamm war direkt auf seinen Staudamm geflogen, das **Wildschwein** suchte sich einen anderen Rückenkratzbaum. Nur der **Borkenkäfer** konnte weiter in Ruhe fressen.

Variante 2: Die Waldarbeiter

… waren Waldarbeiter herangekommen. Mit ihren Sägen fällten sie den Baumstamm und zerschnitten ihn in Teile, die sie dann abtransportierten. Das **Wildschwein** zog murrend ab, um sich einen anderen Rückenkratzbaum zu suchen, der **Specht** flog zum nächsten abgestorbenen Baumstamm, um hier eine Höhle zu picken, der **Biber** baute sich woanders einen Staudamm und der **Borkenkäfer**? Der fuhr mit auf dem Holzlaster der Waldarbeiter einem neuen Abenteuer entgegen.

Platsch hat's gemacht!

Ein Tisch-Trommel- und Mitmachreim

Bei diesem lustigen Reim können schon die Jüngsten mitmachen. Die Reime werden hier nicht nur mit Geräuschen, sondern auch mit passenden Bewegungen unterlegt.

Ab 1 Jahr

Material

- **ein Tisch**

Ein Krokodil kriecht aus dem See,
packt dich gleich am kleinen Zeh.

mit den Händen als Krokodil auf den Tisch klatschen, dann eine Schnappbewegung machen

Da kommt ein Fischlein dazugeschwommen
und auch ein Frosch ist noch gekommen.

als Fisch die Hand wellenförmig über die Tischplatte ziehen, als Frosch mit der Faust auf den Tisch schlagen

Die kitzeln das Krokodil, bis es lacht,

mit den Fingerspitzen auf der Tischplatte „kitzeln"

es fällt ins Wasser: Platsch hat's gemacht.

mit beiden Händen fest auf die Tischplatte schlagen

Mit Klängen in die Ruhe finden

Klänge und Töne beeinflussen uns oft mehr, als uns bewusst ist. Sie können fröhlich oder nachdenklich, traurig oder sogar aggressiv stimmen. Und mit Klängen können Sie Kinder auch wunderbar in die Ruhe begleiten. Haben Sie schon einmal mit Klängen geduscht? In diesem Kapitel finden Sie Ideen dazu, aber auch beruhigende Klanggeschichten, Reime mit Klangkugeln und weitere Anregungen zur Entspannung.

Tritt ein!

Eine Klangdusche selbst gebaut

Ab 3 Jahren

Eine Klangdusche ist eine Materialdusche, die zusätzlich „klingt". In dieser Idee stellen Sie Ihre Klangdusche mit den Kindern selbst her und durchschreiten sie, beispielsweise als Vorab-Ritual für eine Ruhe-Einheit – oder einfach, weil es so viel Spaß macht.

Material

- **lange Krepppapierstreifen**
- **Kleiderbügel**
- **Klebestreifen**
- **Glöckchen und Schellen**

Um die Klangdusche herzustellen, kleben Sie die (etwa 1 m langen und 10 cm breiten) Krepppapierstreifen an einem Kleiderbügel fest. An die Krepppapierstreifen kleben Sie mit etwas Klebestreifen kleine Glöckchen und Schellen. Wenn Sie nun den Kleiderbügel hochhalten, können die Kinder durch die Krepppapierstreifen gehen und die Glöckchen und Schellen in Bewegung setzen. Zum taktilen Reiz (Berührung durch die zarten Papierstreifen) kommt dann auch noch der akustische Reiz. Eine solche Klangdusche können Sie auch gut als „Eingang" oder „Tor" in eine Märchen- oder Fantasiewelt nutzen, beispielsweise vor einer Mitmachgeschichte, die im Märchenreich spielt. Aber auch ein Miniritual vor einer Entspannungsgeschichte könnte mit dem Durchschreiten dieser Klangdusche beginnen.

Komm, tritt ein durch diese Tür,
sie streichelt dich, gefällt es dir?
Sie klingt und singt um dich herum,
und danach ist sie wieder stumm.

Tipp

Alternativ können Sie die Papierstreifen mit den Glöckchen auch ganz oben an der Gruppenraumtür ankleben, sodass jeder, der den Raum betritt, eine Klangdusche bekommt.

Kleine und große Wellen

Ein Entspannungsklanggedicht

Dieses Klanggedicht vertonen Sie am besten mit entspannend klingenden Instrumenten, die zum Meeresrauschen passen, wie beispielsweise Regenmacher/Rainmaker und Oceandrum. Sprechen Sie dazu langsam und ruhig, sodass auch von Ihrer Stimme Ruhe ausgeht.

Ab 2 Jahren

Material

- **kleine Wellen: Regenmacher / Regenstab (Rainmaker)**
- **große Wellen: Oceandrum**
- **Schildkröte: Klangschale**
- **Seesterne: Glöckchen oder Fingerzimbeln**

Kleine Wellen plätschern ganz leise,
kommen von einer weiten Reise.

den Regenmacher langsam bewegen und dem Klang nachlauschen, bis er ganz verklungen ist

Von weit im Ozean kommen sie her,
spülen ein Tierchen mit aus dem Meer.

wieder Regenmacher

Eine Schildkröte ist es, sie krabbelt an Land,
wärmt sich auf im warmen Sand.

die Klangschale anschlagen und auch hier dem Ton lauschen, bis er ganz verklungen ist

Große Wellen kommen jetzt an,
spülen noch mehr kleine Tierchen heran.

Oceandrum

Seesterne sind es, die ruhen sich aus,
schwimmen schon bald wieder ins Meer hinaus.

Glöckchen oder Fingerzimbeln

Feenzauber

Eine ruhige Fantasiereise mit Klang

Eine Fantasiereise in Reimform nimmt die Kinder hier mit ins Reich der Feen. Dazu müssen die Kinder natürlich ganz leise sein, wenn sie hören möchten, wie die Feen singen. Sie können diese Geschichte den Kindern zuerst einmal allein vorsprechen und vorspielen, während die Kinder dabei auf Matten oder Matratzen ausruhen und lauschen. Im Anschluss können die Kinder dann selbst ans Werk gehen und die Geschichte mit eigenen Worten oder nach anderen Ideen nacherzählen und dazu selbst Klänge auswählen.

Ab 3 Jahren

Material

- **Klangschalen in zwei verschiedenen Tönen mit Klöppel**
- **Schellenkranz**

Nur wenn es ganz, ganz leise ist,
nur mit Klugheit und nur mit List,
kannst du Feen beim Tanzen sehen
und wie sie bei Nacht auf Wiesen stehen.
flüstern, Stille

Dazu schlägst du die Klangschale an und lauschst,
ob im Wald ein Windchen rauscht.
Klangschale 1 einmal anschlagen und dem Ton lauschen, bis er verklingt

Dann bleibst du ganz still und wartest ab,
bis du sie hörst: „Tipptapp, tipptapp!“
Schellenkranz

Pst, jetzt musst du ganz leise sein,
denn Feen, die stört es, wenn Leute schrei'n.
Stille

Dann fangen sie schon zu tanzen an,
hörst du sie singen? Schlag deine Klangschale an!
Klangschale 1 noch einmal anschlagen

Sie singen und tanzen, das klingt so schön!
Am liebsten möchtest du mit ihnen geh'n.
Schellenkranz

Doch dann wird es hell, der Tanz endet nun,
denn Feen müssen ja auch einmal ruh'n!
Klangschale 2 anschlagen

Wenn Schildkröten schlafen gehen

Ein Schlummergedicht

Dieses kleine Gedicht eignet sich als Einschlafgedicht für die jüngeren Gruppenkinder vor dem Mittagsschläfchen – oder einfach, wenn die Kinder müde sind und etwas ausruhen wollen. Sie können es nämlich im Liegen durchführen. Der Text, ruhig und leise gesprochen, ist dazu gedacht, Geborgenheit und Gemütlichkeit zu vermitteln.

Ab 1 Jahr

Material

- **eine Qigong- oder Klangkugel (ersatzweise Rassel)**

Legen Sie sich gemütlich mit den Kindern hin oder achten Sie darauf, dass die Kinder gemütlich liegen. Nach jedem zweizeiligen Vers können die Kinder (oder in der Einzelsituation: kann das Kind) die Klangkugel in der Hand rollen. Am Ende des Gedichts können die Kinder dann die Kugeln noch so lange in der Hand bewegen, bis sie zum Klang der Kugeln einschlafen oder entspannen.

Wenn Schildkröten schlummern,
dann machen sie's so:

Sie schlummern im Panzer,
das macht sie so froh.

Zuerst ziehen sie ein Beinchen hinein,
das dauert ein bisschen, immer rein, immer rein.

Dann kommt das nächste Beinchen dran,
herein damit, immer ran, immer ran.

Jetzt kommt das dritte Beinchen hinein,
das ist ja nur ein kleines Bein.

Das vierte Beinchen kommt noch rein,
dann das Schwänzchen klitzeklein.

Zum Schluss ziehen sie das Köpfchen hinein,
und dann … dann schlummern sie auch schon ein.

Der Panzer schützt und dunkel ist's auch,
so schlummert´s sich gut im eigenen Bauch.

Die Tiere steigen auf den Berg

Ein Klangmassage mit Qigongkugeln

Für diese Klangmassage können sich die Kinder zu Paaren zusammenfinden. Ein Kind legt sich auf den Bauch, das andere Kind massiert den Rücken. Dazu passt die Geschichte von den Kugeltieren. Nach einem Durchlauf können die Kinder die Rollen wechseln.

Ab 3 Jahren

Material

- **Qigongkugeln (eine pro Kinderpaar, ersatzweise Tennisbälle – dann allerdings ohne Klang)**
- **Matten oder Matratzen**

Vier Tiere gingen den Berg hinauf,
die Maus, die huschte als Erstes bergauf.

mit der Hand über den Rücken trippeln bis hoch in den Nacken

Als Zweites folgte ein Bär in der Eile,
der brauchte trotzdem 'ne ganze Weile.

langsam und sanft mit der Faust von unten nach oben über den Rücken drücken

Als Drittes mit etwas Abstand von hier
folgte ihnen das Klingeltier.

die Klangkugel sanft von unten nach oben den Rücken hinaufrollen

Zum Schluss, da kam noch die Schildkröte an,
lehnte sich erschöpft an das Klingeltier dran.

ganz langsam die Hand von unten nach oben über den Rücken kriechen lassen

Und oben, was taten die Tierchen wohl dort?
Na, sie rutschten runter von diesem Ort!
Als Erstes rutschte die Maus hinab,
sauste vom Berg ins Tal herab.

mit der Hand als Maus vom Nacken aus den Rücken hinunter-„trippeln"

Das zweite Tier, das zauderte sehr,
dann traute er sich doch noch: der alte Bär.

mit der Faust von oben nach unten den Rücken sanft abklopfen

Danach kugelte noch mit Kling und Klang,
das Klingeltier hinab den Hang.

die Klangkugel mit leichtem Druck den Rücken hinabrollen

Die Schildkröte hatte eine tolle Idee:
rutschte auf dem Panzer herab, juchhe!

die Hand mit leichtem Druck von oben nach unten über den Rücken ziehen

Wie Ameisen schlafen

Ein Klanggedicht aus dem Ameisenbau

Wissen Sie, wie Ameisen schlafen? Die kleinen eifrigen Arbeiter/innen aus dem Tierreich müssen nämlich auch irgendwann einmal zur Ruhe kommen und sich erholen. Das tun sie allerdings niemals an der Erdoberfläche – und damit für unsere Augen sichtbar, sondern sie ziehen sich in den Ameisenbau zurück. Das stellen die Kinder in diesem Klanggedicht nach, bei dem sie gemeinsam mit den kleinen Krabbeltierchen in die Stille und Ruhe finden.

Ab 4 Jahren

Material

- **Rasseln für alle Kinder**

Was für ein Gewimmel,
du lieber Himmel!
Im Ameisenbau,
ein Riesenradau!

ganz laut rasseln

Da krabbeln die Tierchen:
auf und ab,
zurück und vor,
hinauf und hinab.

laut rasseln

Doch dann ist Ruh,
wie kommt es dazu?
Pssst, ganz leise,
auf der Ameisenreise!

leise rasseln

Wir gucken hinein,
denn wir sind ganz klein.
Im Bau ganz tief drin,
wo die Ameisen sind.

flüstern und noch leiser rasseln

Hier ruhen sie im Dunkeln endlich aus,
schlummern gemütlich im Ameisenhaus.
Gute Nacht,
gebt gut Acht,
schlaft recht schön,
auf Wiederseh'n!

flüstern, Stille

Impressum

Bibliografische Information der Deutschen Bibliothek
Die Deutsche Bibliothek verzeichnet diese Publikation in der Deutschen Nationalbibliografie; detaillierte bibliografische Daten sind im Internet über http://dnb.ddb.de abrufbar.

2. Auflage 2022

Text: Suse Klein
Abbildungen: Instrumente S. 1, 2, 3, 6, 7, 22, 37, 44 © Carla Francesca Castagno – Shutterstock, S. 3 rechts oben, S. 5, 19, 20, 24, 26, 33, 35, 42 © Lorelyn Medina – Adobe Stock, S. 8 © Nyamol Ds – Shutterstock, S. 10 © Ruangdesign19 – Shutterstock, S. 11 © Colorfuel Studio – Shutterstock, S. 12 © topvectors – Adobe Stock,S. 14 © thea07 – Adobe Stock, S. 15 Maus © ONYXprj – Shutterstock, S. 16 © Asichka – Shutterstock, S. 16, 57 Klangschale © Katty Sever – Adobe Stock, S. 17 Noten © Carla Francesca Castagno – Shutterstock, S. 17 Hut © Steinar – Adobe Stock, S. 21 © kotoffei – Adobe Stock, S. 23 © topvectors – Adobe Stock, S. 25 © rosinka – Adobe Stock, S. 27 © Piyathida P – Adobe Stock, S. 28/29 © lattesmile – Adobe Stock, S. 31 © mayalis – Adobe Stock, S. 32 © LiaRey – Adobe Stock, S. 34 © mandrynam – Adobe Stock, S. 36 © Christine Wulf – Adobe Stock, S. 37 Gras © Sushi – Adobe Stock, S. 38 © naddya – Adobe Stock, S. 39 © Sushi – Adobe Stock, S. 41 © Li-Bro– Adobe Stock, S. 45 © benarus – Adobe Stock, S. 46 © Welf Aaron – Adobe Stock, S. 48 © Teguh Mujiono – Shutterstock, S. 49 © tn-prints – Shutterstock, S. 51 © TeymurazN – Shutterstock, S. 52 © antimartina – Adobe Stock, S. 55 oben © Pagina – Shutterstock, S. 55 unten © GraphicsRF.com – Shutterstock, S. 56 © Teguh Mujiono – Shutterstock, S. 58 © PMDesign – Adobe Stock, S. 59 © Lorelyn Medina – Adobe Stock, S. 61 © Mumut – Shutterstock, S. 63 © ekyaky – Adobe Stock, S. 9 © Vanvaew – Shutterstock, S.13 © HappyPictures – Shutterstock, S.43 © Anura_dsgn – Shutterstock
Satz & Gestaltung: Katrin Kleinschrot

Druck und Bindung: GCC, Calbe
ISBN 978-3-7806-5166-2